JN411248

초록 잎새들

세종마루시선 001

초록 잎새들

2021년 7월 20일 초판 1쇄 발행

지은이 이은봉
펴낸이 윤영진
기획 이은봉 김백겸 김영호 최광 성배순
홍보 함순례
펴낸곳 도서출판 심지
등록 제 2003-000014호
주소 34570 대전광역시 동구 대전천북로 12
전화 042 635 9942
팩스 042 635 9941
전자우편 simji42@hanmail.net

ISBN 978-89-6627-201-3 03810

세종마루시선
001

초록 잎새들

이은봉 시선집

시인의 말

이미지가 살아 있는 시를 쓰고 싶다. 이야기가 숨어 있는 시를 쓰고 싶다. 정서가 충만한 시를 쓰고 싶다. 이들 형상 속에 깨달음이 꿈틀대는 시를 쓰고 싶다. 안이비설신眼耳鼻舌身의 여러 형상이 하나의 의미로 응축되고 수렴되는 시를…….

지구라는 행성에서 69년째 살고 있다. 그래서인가. 69편의 시를 여기 모은다. 69편의 시는 한 편의 시. 69는 하나, 69는 원, 원은 태극, 태극은 리비도……. 나는 69라는 숫자를 좋아한다. 선불교에서는 다즉일多卽一, 일즉다一卽多이라고 하지 않는가.

서정抒情은 풀과 나무의 이름으로, 새와 짐승과 벌레 등의 이름으로 되살아난다. 생생하고 구체적인 삶의 언어로 하여, 생기있고 활기 있는 사물의 언어로 하여 되살아나는 것이 서정이다. 서정이 깨어 있는 시를 쓰고 싶다. 진실이 함축되어 있는 시를.

2021. 6.

청리당에서 이은봉

차례

제1부

제2부

제3부

제4부

〈일러두기〉

*본문에서 〉는 '단락 공백 표시'로 한 연이 새로 시작된다는 표시이다.

제1부

서대전역

호남선 완행열차가 울고
열일곱 낯선 소녀가 울고

'시립청소년보호소'
높은 입간판이 보이는
정월 대보름

전깃줄에 걸린, 방패연이 외로운
낮 열두 시.

휘파람아

이발소 방 씨의 오랜 폐렴도
버스정류장 버들가지처럼 흩날려버리고
제품집 순이의 고된 하루도
먼 하늘로 띄워 보내는
서럽지 낮은 음성의, 휘파람아!

눈

눈이 내린다
두런두런 한숨 속으로
저희들끼리
저렇게 뺨 부비며

눈이 내린다
별별 근심스런 얼굴로
밤새 잠 못 이룬 사람들
사람들 걱정 속으로

눈이 내린다
참새 떼
울바자에 내려와 앉는 아침
아침 공복 속으로

저희들끼리 저렇게
뽀드득뽀드득
어금니를 깨물며
설움이 내린다.

소년은 누워

잔디밭 묏등 아래
소년은 누워 돌을 던진다
하늘은 언제나 저만큼
저만큼 푸르러 빛나는데
던져 무엇을 맞힐 수 있을까
맞힐 수 있을까
청개구리 한 마리
가슴께로 튀어 오르고
일락한 저쪽
산그늘에 잠긴 간이역
기적소리 가슴 태우는데
오늘도 아버지는 돌아오지 않는다
포르르 굴뚝새가 날아오르고
지천으로 흐드러지는 찔레꽃……
돌아누운 자리로
찔레꽃잎이 떨어지고
눈물이 떨어지고
천천히 흔들리는 시냇물
온 우주를 적셔버린다

바람이 불고, 어디선가
산 구렁이 울음소리 들린다.

부활
— 전태일

타오르는 불더미 속으로
잘 익은 살 내음 속으로
그는 갔다 손을 흔들며
어금니를 깨물며 그는 갔다
밝고 환한 얼굴로

이제는 당신의 십자가
당신의 기름진 아랫배
편치 못하리라 어떤 모습으로든
그가 돌아온다
뜨거운 함성이 돌아온다

그의 잘 익은 근골 속으로
타는 눈물이 흐른다 기쁨이 흐른다
기쁨이 흐른다
노동으로 단련된 구릿빛 내일이
사랑이 흐른다 일찍이 어디
이처럼 벅찬 그리움이 있었더냐
아픈 희망이 있었더냐

〉

우리들 성긴 밥상 위로
보라 그의 구수한 광대뼈가 돌아온다
떡으로 밥으로
따수운 고깃국이 돌아온다
진수성찬이 돌아온다.

라면봉지의 노래

그들은 날 버렸네 허투루
뒷골목 하수도 시궁창 속
쓰레기더미와 음식 찌꺼기
시궁쥐들만이 내 친구였네
때로는 몇몇 비닐조각들
어울려 함께 살기도 했네

언제부턴가 내 몸에서는
석유기름 냄새가 났네 카드뮴, 납 냄새가
주린 도둑고양이들마저
들이대던 혀끝, 고개를 돌리는데
얼마나 버거운 일인가 나는 이렇게
봉두난발로 밀려다녔네

한 알 밀알은 썩어
무수한 새 생명 낳는다는데
나도 구절양장 내 창자가 썩어
무수한 새 생명 낳고 싶네
일러 내 이름 라면봉지여
너는 왜 영영 썩지도 못하는가.

남새갈기

남새를 갈아보려는 것이다
장독대 옆 두어 평 남짓
그것도 땅뙈기라고 흙을 고르다 보면
연탄재만 풀풀 날려 다니고
그저 콘크리트 비닐조각들

그래도 그냥 말 수야 있겠나며
뭣이라도 좀 심어보자는 것이다
하기는 요만치의 농사라도
이 산 번지에서나 지을 수 있는 일

누이와 뒷방 아줌마와 함께
치닫는 가슴 자꾸 옥죄며
되지 않게 감히 나는 지금
둑을 치고 이랑을 돋워보는 것이다

아직은 건강한 지구의 뒤 켠
오래오래 지켜나가야 하지 않겠냐며
도시의 한쪽 끝, 버티고 서서
한바탕 신명을 돋궈보는 것이다.

사랑에 대하여

개나리 꽃밭에서
이 엄청난 개나리 꽃밭에서
노랗게 샛노랗게
터져 오르는 꽃망울들이
사랑임을 배운다
저 자유가 사랑임을
퍼뜩 깨닫는다 들녘에서
들녘 논두렁에서
대궁 쫑긋하게 피워 올리는
독새풀 밭에서
저 굉장한 독새풀 씨들이
사랑임을, 혁명의 한 순간임을
배운다 지구를 움직이고
태양을 거기 있게 하는 것도
저 씨앗들 속 조그만 생명임을
깨닫는다 미꾸라지
송사리 떼가 헤엄치며 놀고 있는
도랑 물길도 사랑임을
그렇게 하나임을

천지개벽으로 깨닫는다
흐드러지는 진달래꽃밭에서
붉게붉게 죽었다 살아나는
봄 동산에서
부활의, 해방의 노래를 배운다.

자유에게

자유여 네 이름을 알고 있다
너를 알고 있다 네 출신성분을
고향을, 역사를 알고 있다
네 몸에서는 피의 냄새가 난다고
몸부림치던, 으스러지던
옛 시인도 불행히 알고 있다
나는 몸부림치지 않으마
네 이름을 외치다가 으스러지지 않으마
그저 속삭이듯, 속삭이듯 말하마
우리 한번 네 입술을 덮쳤을 때
벼락 치듯 세상을 감전시키던
달콤한 호박 냄새를, 미칠 것 같던 웃음소리를
첫 키스의 기쁨을, 잔잔히 말하마
그해 오월 남녘 땅 한구석에서
터져 오르던 횃불이, 아우성이
몸살 나게 아프던 황홀이
바로 너라고 조용히, 조용히 말하마
내가 네가 되고, 네가 내가 되는 날까지
쉬지 않고 내가 말하마 네 이름을

너를 일러 사랑이라고, 죽음이라고
부활이라고, 해방이라고 천천히 말하마
자유여 나는 또 알고 있다
네 조상을, 형제를, 피의 족보를
공동묘지의 따스한 햇살을 잘 알고 있다.

호박

엉금엉금 거북이걸음으로
호박넝쿨은 자란다 언덕배기
나무 등걸 위로 울바자 위로
너풀너풀 속적삼으로 가린
튼실한 젖통 꺼내놓는다
무수한 사랑 내어놓는다
가랑이 사이로 온갖 풀벌레들
더러는 독사새끼를 키우기도 하며
호박은 검붉은 얼굴로
구릿빛 어깨로 익는다
새마을 기와지붕 위에서도
텅 빈 외양간 위에서도
자식들 다 떠나고 없는
이 집 늙은 부부의 금실로 익는다
엉금엉금 거북이걸음으로 익는다.

일기
— 1987년 6월 22일

눈물을 흘린다 시경 앞 남대문 시장 근처
철 이른 옥수수를 쪄 파는 아줌마도
아줌마의 치마섶도 눈물을 흘린다
옷핀이며 머리핀을 늘어놓고
손님을 기다리는 난전꾼도, 난전꾼의 리어카도
눈물을 흘린다 미도파 옆 지하도 입구
계단을 오르는 사내도, 사내의 넥타이도
쭈그려 눈물을 흘린다 그러나 그러나
아무도 울지 않는다 뿌드득 이빨을 갈고
팽, 한번 코를 푼다 저벅저벅 전투경찰들이
곤봉을 휘두른다 가스총을 쏴댄다
물밀 듯이 사람들이 밀려나가고, 밀려
들어온다 신세계백화점 뒤 분수대에 처박혀
나도 눈물을 흘린다 무언가 깨부숴야 할
서러움과 두려움이 있기 때문이다
흩어져 나뒹구는 보도블록 사이로
헉헉 숨을 토한다 구호를 외친다
찬찬히 날이 밝는다 최루탄 가스 속으로
사랑과 자유의 해가 솟는다 평화와 민주의.

한강

한강은 흐른다 마구 튀어 오르는
온갖 잡동사니, 썩어 문드러진 서울의
불빛을 감싸며 한강은
죽음의 찌꺼기를 궁정동의 총성을
실어 나른다 토막 난 나라
그 남쪽의 노동과 밤과 꿈을
오월의 한숨을, 피울음을
게거품처럼 주억거리며 한강은
흐른다 차마 그냥 말 수는 없다는 듯이
몸뚱이를 가로지르는 다리 위
밀려가는 버스와 트럭과 택시와
그렇게 질주하는 눈물을 껴안으며
살해당한 대통령과 그의 처첩들
환상의 미래와 지난 시대를
실어 나른다 무수한 굴욕과 저항의 나날을
묻어버린다 그래도 그냥 말 수는 없지 않겠냐며
천천히 더러는 빨리 한강은
숱한 희망과 변절의 역사를
집어삼킨다 한강은 끝끝내

남아서 지킨다 우리의 죽음 뒤
우리의 자식이 남아 우리를 지키듯이
한강은 이 땅의 핍박과 치욕의 응어리를
급기야 해방의 함성을, 그 아픔을
기쁨을 지킨다 혼자서 더러는 여럿이
한강은 흐른다 댐이 세워지고
별별 것들이 다 그를 막아서더라도
바다로 화엄의 바다로 한강은
달린다 오늘도, 까마득한 내일까지도.

생활이여 이윽고

생활이 나무젓가락으로
나를, 내 시를
꼭 집어먹는다 속살 연한 광어회인 양

초장 듬뿍 찍어
날름, 내 젊음을 집어먹는다
나무젓가락으로

생활이여 이윽고
내 생명 마구 먹어치우는
불가사리여

네 앞에서 나는
한 점, 속살 뽀얀 광어회로구나
아득히 내 인생 없구나.

철근 콘크리트

철근을 세워야 하리
기둥으로 대들보로
가슴 속 깊이
거푸집 엮어야 하리

모래와 자갈
시멘트 함께
비벼 넣어야 하리
단단히 콘크리트 비벼 넣어야 하리

세상, 더는 설움으로
무너지지 않기 위하여
으깨지지 않기 위하여.

절망은 어깨동무를 하고

절망은 어깨동무를 하고
온다 입 모아 휘파람 불며
주머니 가득 설움덩이 쑤셔 넣은 채
빌딩 옆 가로등 뒤에서
가로등 뒤 철문 옆에서
절망은 불현듯
그대 가슴으로 온다 떼를 지어
서너 명씩 무리를 지어
허리춤 가득 눈물덩어리 찔러 넣은 채
눈빛 부드러이 절망은
별안간 그대 심장으로
온다 금빛 내일을 깔고 앉아
간혹 슬픈 낯빛으로 울먹이기도 하면서
전철역 지하광장에서
지하광장 신문판매대에서
절망은 콧노래를 부르며
온다 사람들 눈길을 피해
붐비는 발길을 피해
그대 여린 손목에

은빛 수정을 채우기도 하면서
온다 우쭐우쭐 어깻짓하며
투구를 쓰고 일렬횡대로
절망이여 잠시 너희의 날들이여
그렇구나 오늘은 이미
네가 이 세상 절대 권력이로구나.

계룡산
— 겨울 삼불봉

바리 눈짐을 지고
툭하니, 청솔가지 하나 부러진다
형벌을 지고

바람 멎는다 신음소리 목탁소리……,
안간힘으로 끌어안으며, 바람 잠든다 거기 하얗게 솟아오르는, 부처님 얼굴 있다
하얗게 얼어붙는, 미소 몇 마디 있다 총총히 있다

그만 인기척에 놀라
툭하니, 주저앉는 눈더미, 주저앉는 부처님…… 포르르 멧새 몇 마리 날아오른다
잘 늙은 스님 셋, 기어코 산비탈로 붙는다

겹겹이 기운 장삼 사이로
뽀드득뽀드득 눈 밟는 소리 들린다
성큼, 파란 하늘 쏟아져 내린다.

무엇이 너를 키우니

버들잎 하나 네 마음 속 뾰쪽뾰쪽 버들잎 하나 이슬처럼, 아침 이슬처럼 아프게 맺히는 그리움 하나 그리움이 너를 키우니

둑방길 옆, 낮은 풀더미를 흔들며, 귀또리가 울고, 휘파람이 울고 무엇이 너를 키우니 설움이 너를 키우니 첫사랑이, 첫사랑의 상처가.

도라지꽃

손 흔들며 서 있구나 도라지꽃
입 꽉 다물며
침 한번 꿀꺽 삼키며
이별하고 있구나 너로 하여
여민 네 앞가슴으로 하여
산언덕 온통
보랏빛이로구나 세상 아득히
슬픔뿐이구나 도라지꽃
흔들리는 네 치마섶으로 하여
치마섶으로 가린
네 뽀얀 눈물로 하여
그렇구나 세상과 나
촉촉하구나 촉촉이 앓고 있구나.

제2부

햇무더기야

나, 잊지 못하리 그새 세월 많이 흘렀어도 우리 꿈 어찌 버릴 수 있으리 나, 기다릴 수 있으리 쑥구렁 속에서도, 끝없이 가라앉는 절망 속에서도 지금껏 목메어 왔거늘, 누가 내 그리움 함부로 무너뜨리리 누가 내 설움 감히 꺾어 없애리

햇무더기야 내 소중한 사람아

나, 포기할 수 없으리 그 많은 눈물 바쳤음에도, 그 많은 피땀 흘렸음에도 길게 그림자나 늘이는 사람아 그림자로 웃기나 하는 사람아 그 그림자 속으로 나, 더욱 숨죽일 수 있으리 그렇게 일어설 수 있으리.

계룡산 폭설

무릎 꿇자 가부좌 틀어도 좋다
마음 깎고 다듬어
내어 던지자 저 장엄한 산 무더기 위로
계룡산 연천봉 위로
하얗게 날아오르는
나비 떼들, 저 벅찬 벚꽃 잎들 향해,
절망들 향해
마음 죄 내어 던지고 나면
거기 없다 아무것도 없다

오직 숨소리만이
환희의 이 지구 하얗게 끌고 나간다
점점이 바람소리들만이…….

개나리꽃

산언덕 저만치 개나리꽃 한꺼번에 피어오른다 저절로, 일렬횡대로 온통 세상 노오랗다

저기 저 개나리꽃의 역사, 참 보기 좋다

……사람의 역사도 저렇게 저절로 한꺼번에 피어오를 수 있을까 일렬횡대로 노오랗게 세상 온통…….

길음동 참나무

터벅터벅 미아리고개 넘어
수유리로 가는 길음동 네거리
웬 참나무 한 그루
압력밥솥 뒤집어쓰고 서 있다
안경 너머 순한 표정의
뱁새눈 깜박거리며
저 혼자 웬 참나무 한 그루
오늘도 압력밥솥 뒤집어쓰고
서 있다 아스팔트 위로
무겁다 너무 무거워
부러져 버릴 것만 같다 울먹이는
그의 가슴께로
공장 굴뚝의 검은 구름 자꾸 파고드는데
길음동 네거리
어느덧 다 타버려 숯이 된
가슴 까만 참나무 서 있다
텅 빈 관절염의 다리
푹푹 꺾이는 다리
아프다 너무 아프다 끙끙대며

아직도 압력밥솥 뒤집어쓰고 서 있다
저 혼자 웬 돌산 아파트로 가는
마을버스 기다리고 있다.

그 여자, 기왓장 같은 여자

맵디매운 두부두루치기 백반을 좋아하던 여자가 있었다 리어카에서 파는 헐값의 검정 비닐구두 잘도 어울리던, 반주로 마신 몇 잔의 소주에도 쉽게 취하던, 마침내 암소를 끌고 가 썩은 사과를 바꿔 와도 좋다던, 맨몸으로도 좋다던 여자가 있었다 한때는 자랑스럽게 고문진보를 옆구리에 끼고 다니던 여자, 그 여자,

기왓장 같은 여자
장독대 같은 여자
두부두루치기 같은 여자
맵고 짠 여자

가 있었다 어쩌다 내 품에 안기면 푸드득 잠들던 여자가 있었다 신살구를 잘도 먹어치우던, 지금은 된장찌개 곧잘 끓이는, 두 아이의 엄마가 된 여자…….

발자국

삼진날 지난 남쪽 하늘가, 제비 몇 마리 바람 데리고 지지배배 지지배배 뛰놀고 있다 달리고 구르고 뒹굴고……

더런 빨랫줄 위, 사뿐히 내려앉기도 한다

약 오른 바람들, 가끔은 제비들 날개 꼬옥 끌어안고 놓지 않는다 그러면 제비들, 대각선 길게 그으며 휘이익, 빠져 달아난다

남쪽 하늘가 어디, 발자국 하나 없다.

능소화, 덩굴꽃

몇 안 남은 이파리들 겨우 매달고
개가죽나무, 비쩍 마른 모습으로 서 있네

능소화, 덩굴꽃
아등바등 타고 감고 기어오르네

이것들, 무엇이든
타고 감고 기어 올라가야지

악착같이 능소화, 들뜬 꽃
깡마른 개가죽나무 끌어안고 놓지 않네

황금빛 종소리로 울려 퍼지는
능소화, 환한 꽃

토닥토닥, 화장한 얼굴
……해맑은 목소리, 곱기도 해라

개가죽나무 가난한 이파리들
숨 헐떡이며, 입 딱 벌린 채 내려다보고 있네.

초록 잎새들

굴참나무 초록 잎새들 옹알이한다고
이 어린것들 촐랑촐랑 말 배우기 시작한다고

뭐라고 벌써 입술 꼼지락대고 있다고
조 작은 것들 마음 활짝 펴고 있다고

그렇지 녀석들 환하게 웃을 때 되었지
고 예쁜 것들 깔깔대며 장난칠 때 되었지

그새 초여름 더운 바람 불고 있다고
요 귀여운 것들 글씨 공부 꼬불꼬불 신난다고.

무등산
— 함박눈 내린 뒤

함박눈 후다닥 쏟아져 내린 뒤 하늘 쨍, 하니 맑다
소나무들 은빛 털옷 잔뜩 껴입고도 어이 추워, 하며 시린 두 손 사타구니 속에 집어넣는다
집어넣고 마주 비빈다
퍼뜩 얼어터진 두 귀 어루만진다
은빛 털옷 너무 무거워 툭, 하니 벗어 던지기도 한다

중머리재 가까이, 건들건들 중년의 사내 하나, 눈 덮인 으악새밭 근처 털썩, 주저앉는다
더는 오르지 않기로 한다
살진 멧비둘기 몇 마리, 꾸륵 꾸르륵 저희들끼리 노래 부르며, 서석대 쪽 빈 하늘 향해 날아오른다.

꽁치

소금에 절여, 가스 불로 구운 등 푸른 바다 한 마리, 파아란 접시 위, 벌렁 누워서도 동그랗게 눈뜨고 있네

고향 그리워 차마 눈감지 못하고 있네

폴짝폴짝 튀어 오르는 이 집 아이들, 제비새끼처럼 쫙쫙 주둥이 잘도 벌리고 있네

엄마가 떼어주는 바다 한 조각, 재잘재잘 잽싸게 받아 처먹고 있네 등 푸른 바다 한 마리, 야금야금 스러지고 있네.

무화과

꽃 피우지 못해도 좋다

손가락만큼 파랗게 밀어 올리는
메추리알만큼 동글동글 밀어 올리는

혼신의 사랑……

사람들 몇몇 입 속에서 녹아
약이 될 수 있다면

꽃 피우지 못해도 좋다

열매부터 맺는 저 중년의 생生
바람 불어 흔들리지도 못하는!

대둔산

꽃그늘 속, 흐르는 계곡 물에 발 담그면
아랫도리 후둘후둘 떨린다
쭈뼛, 머리칼 솟는다

물속 깊이, 밟히는 돌멩이마다
뚝뚝, 단풍 들어 있다
빨갛게 피 묻어 있다 죽은 사람들

물결소리, 숨결소리, 골짜기마다
꽃잎 지는 소리…… 어지러워라, 아흐.

망초꽃더미

길음시장 비좁은 장바닥 가득, 노점상들 옹기종기 물건 팔고 있다 뭉게뭉게 망초꽃더미 솟아오르고 있다

오이며 가지며 풋고추며 깻잎이며 갈치며 꽁치며 고등어며 물오징어며 냄비며 투가리며 식칼이며 프라이팬 따위……

손바닥 두드려 여기저기 손님들 부르는 소리, 웅성웅성 사람들 물건 값 깎는 소리

길음시장 복잡한 장바닥 가득, 소리 소리들 뽀얗게 피어오르고 있다 뭉게뭉게 망초꽃더미, 솟아오르고 있다

그것들 새하얀 앞니 불쑥불쑥 드러내며 열일곱 소녀처럼 까르르 웃고 있다.

송아지처럼

해 지고 어스름 내리면 새들은 왜 모두 날개를 접고 집으로 돌아가는 걸까

문득 시 쓰지 않고도 잘 살 것 같다, 는 생각이 든다

늙었다 너무 편해졌다, 는 것일 게다 그만 자빠지고 싶다는……

어미 소를 따라가는 송아지처럼 오늘도 나는 앞서 가는 생활을 졸졸 따라간다

갈비뼈 사이로 스르륵, 마른 비듬 떨어져 내리는 소리 들린다

해 지고 어스름 깔리면 새들은 왜 모두 날개를 접고 새끼들 곁으로 돌아가는 걸까.

조금나루

마을은 없지 한 때는 포구를 떠나
언제라도 바다 건너 저쪽 섬들에 가 닿았을
버려진 나룻배들, 부러진 돛대들
태풍에 찢겨 나간 소나무 가지들 데리고
한여름 땡볕 속, 까맣게
졸고 있지 마을 대신
몇몇 소금기에 절은 횟집들,
횟집들 저수통 속 넙치의 눈망울들
시멘트로 쌓아올린 방파제 아래
썰물 진 바닷가를 첨벙대는
소라게의 앞발들만 아직 파랗지
함부로 찢겨 나간 소나무들
여전히 숨결 헐떡이고 있는 방풍림들
고개 들고 바라보면 너무도 안쓰럽지
운명이라고 갯벌 속 깊이
나뒹굴며 갯벌로 사는 일
묵묵히 닻 내리고 갯벌로 삭는 일
때로는 투명한 행복이지 일생 동안
가 닿지 못할 섬들, 한꺼번에 거느리고 사는 일

괜찮지 버려진 나룻배로는
바다 건너 저쪽 섬들, 끝내 가 닿지 못하지
제 속 깊이 알뿌리 하나 옳게 키우지 못하지.

낡은 집

겨우겨우 가슴으로 모시고 다니는 집, 전쟁 통에 허겁지겁 정신없이 지은 집 너무 낡았네

걸핏하면 굴뚝 밑 무너지는 집, 함부로 방고래 막히는 집 아궁이 가득 불덩이 처먹고도 방구들 뜨뜻하질 않네

사람들 아랫목 이불 속 손 넣어보곤 아이, 차가워라, 마음까지 얼어붙곤 하네

청솔가지 타는 냄새 매캐한 집, 도둑고양이들 우르르 몰려다니는 집 고방 밑까지 우수수 무너지고 있네

전쟁통에 지은 집, 다들 그러하네 이 집 수리하느라고 병원에 다니는 내게 현일 스님은 그만 다 버리라고 하네

……버리면 어쩌지 이 낡은 집, 그래도 그동안 나를 키워준 집.

칠산 바다
— 노을

하늘 가득, 검붉은 울음덩어리
박쥐 떼처럼 매달려 숨죽이고 있었다

탕탕탕, 정적을 깨는 총소리

다북솔 잔가지 너머
조깃배 펄럭이는 깃발 너머

복부를 관통 당한 채
쓰러져 누운 칠산 바다

숭어가 뛸 때마다
울컥, 선혈이 솟구쳐 올라왔다

오조조, 허공에 떠 흐르는
검붉은 황금덩어리

가슴가슴, 복사꽃 서럽게 지고 있었다.

제3부

생쥐

철버덕, 팽개쳐져 있네
중흥 대단지 주택가
시궁창 한 구석
얼어 죽은 생쥐 한 마리
함부로 내던져 있네
널브러져 나뒹굴고 있네

눈보라치는데
휘몰아치는데

마른 삭정이로 가라앉는
까마귀 울음소리
얼어붙어 썩지도 못하는
생쥐 한 마리
으슬으슬, 신새벽
뒤흔드는 까만 종소리.

불타는 나무

불타는 나무리
허공 떠도는 바람들 불러 모아
반야심경 외게 하누나

나무는 불타리
공중 헤매는 제비들 불러 모아
천수경 외게 하누나

머리칼 풀어헤친 채
온몸 가득, 푸른 하늘 빨아들이고 있는 나무여

그대 이미 불타거늘
땅에 내린 뿌리 너무 얕아
여태 절 믿지 못하누나.

연탄재

소신공양이라더니
제 몸 허옇게 태워

사람들 밥 짓다가 스러졌구나

부처님 마음으로
미아6동 산동네

온통 끌어안고 있구나

한 토막 숯의 마음조차
죄 벗어 던진 채.

종촌리

저녁노을, 피 빛 절망을 만드는 시간
대평리 행 군내버스에서 턱, 내리자
파출소 넓은 앞마당부터 퍼뜩 다가왔다
거기 살 뽀얀 젊은 순경 둘
술 취해 발광하는 낯익은 사내
함부로 잡아 일으켜 세우고 있었다
순간 사내의 옆구리에서
툭, 하니 죽은 멧비둘기 한 마리
떨어져 내렸다 그때 맞은편
평화미장원 미닫이문이 열리고
아이들의 울음소리, 와르르 쏟아져 나왔다
미장원 집 여자는 놀란 눈망울로
멍하니 피 빛 노을 빨아들이고 있었고……
바로 옆 생맥주 집 젖혀진 문짝에 기대어
훌쩍이고 있는 화장 짙은 여인은
누구인가 작은 두 손으로
죽은 멧비둘기 한 마리 꼬옥 움켜쥔 채
여인은 비실비실 눈물을 쥐어짜고 있었다
군내버스에서 턱, 내린 발걸음도

그만 멈칫멈칫 눌러 붙고 있었다
저녁노을, 피 빛 절망을 만드는 시간.

프로펠러

태어날 때부터 사람들
제 속 깊이 프로펠러를 키운다

바람이 불면 저 스스로 돌아가는 프로펠러
온몸이 부웅, 솟구쳐 오른다

허공에 떠 있을 때는
푸하하하, 웃음 터져 나온다

바람 자면 제 스스로
멈춰버리는, 떨어져버리는 프로펠러

이내 쑥구렁에 처박힌다
홍건히 피투성이다

사흘만 지나면 누구 하나 기억하지 못한다
상처투성이의 몸 움직여

또다시 돌아가는 프로펠러

또다시 허공에 부웅 떠오르는 몸

우두커니 바라보고 있는 눈망울이라니

싫다 징그러운 프로펠러, 꺼버리고 싶다
제어할 수 없는 이 엄청난 날개.

땅끝 바다에서

바다를 바라지는 않아요 고귀한 어떤 것, 영원이라고 해도 좋아요 진실이라고 해도 좋고요 그런 어떤 것을 찾아 허겁지겁 달려온 날들이기는 하지요 어느덧 파뿌리조차 헤아리지 않는 세월이잖아요 그래요 여태도 당신이 바다이기를 바라지는 않아요

여객선에 몸 싣기 전 방파제를 향해 걸으며 그냥 올려다보는 하늘이지요 글쎄요 거기 옮겨다 심어놓은 스무 살의 마음이라고 해도 좋아요 눈망울 속 아직은 안개꽃 잔잔히 피고 있잖아요 유자나무 열매도 파랗게 크고 있고요

당신이 마냥 먹구름일 리는 없지요
잠시 세월이 쌓아올린 먼지 따위라고나 할까요
넝쿨장미 몇 송이 꺾던 마음
책상 앞 사이다 병에 꽂던 마음
아직 남아 있잖아요 사이다처럼
화, 하고 싸아, 하던 마음 말이에요
의리니 고향이니 하는 것들에 쫓겨

오래전에 그런 마음 까맣게 지워버렸다고요

희망 같은 것, 꿈같은 것 이제는 기억도 나지 않아요 골고다 언덕을 기어오르던 예수님의 인내도 부럽지 않고요 동굴 속 함부로 버려져 마리아를 부르던 마음, 그런 마음이 더러 그립기는 하지만요 무엇이라고 이름 붙여도 좋아요

가슴 가득 물거품만 울퉁불퉁할 뿐이지요 자꾸 파도가 울고 있어 그냥 산언덕을 내려와 방파제 위 휘적휘적 걸어보는 거지요 보세요 저기 갈매기 한 마리 날고 있네요 뱃고동도 부우웅, 하고 길 재촉하고 있고요 그래요 여태도 당신이 바다이기를 바라지는 않아요.

만우절

머리통은 책상 위에 처박혀 있고,
입가에는 으으으, 신음소리

삐거덕, 창문이 열리고
허공 향해 급하게 들이미는 구두

벗겨지는 모자
펄럭이는 점퍼
흩날리는 벚꽃잎……

떨어지던 몸뚱이
쿠웅, 땅에 부딪는 순간
붉게 번져 나가는 피

우르르 몰려드는 얼굴들
어지럽게 흩어지는 발자국들

구급차의 사이렌 소리
시끄럽게 들리고……

〉

장례식장 냉동실
끼이익, 여닫는 소리

가족들 얼싸안고 흐느끼는 동안
함부로 터지는 카메라의 플래시 불빛.

분노

분노의 둥근 아랫배에는
들끓는 쇳조각 가득 차 있다

함부로 건드리지 마라
분노의 부푼 옆구리
갑자기 안전핀 뽑힐 수 있다

터지고 싶지 않다
광장의 들뜬 사람들
더는 다치게 하고 싶지 않다

중얼대는 분노의 눈망울에는
시린 절망, 그렁그렁 고여 있다.

접는 의자

아무데나 불쑥 제 푹신한 엉덩이를 내밀어
사람들의 엉덩이를 편안하게 들어앉히는 접는 의자

사람들의 엉덩이가 앉았다 떠날 때마다
접는 의자의 엉덩이는 반질반질 닦여진다

사람들이 다 돌아가고 나면 엉덩이를 들이밀고
사무실 한 구석에 우두커니 기대서 있는 접는 의자

더는 아무데나 불쑥 제 푹신한 엉덩이를 내밀 수 없어
세상 어디에도 그에게는 제자리가 없다

제자리가 없어 더욱 마음 편한 접는 의자
엉덩이를 폈다 접으며 그는 하늘에 가 닿는다.

버스에서

어디서 또 사고가 난 듯하다
버스는 달리다 멈추고
멈추다 다시 달린다

얼핏 좌석 뒤쪽에서
새우젓국 냄새가 건너온다

잠시 눈 감으면
마음 가득 차오르는 어머니의 얼굴 있다
돌아가신 큰고모의 얼굴 있다

용두동에서 자취하며 공부할 때
고향의 어머니도

새우젓국으로 담근
달랑무우김치 국물 질질 흘리며
버스에 싣고 오셨다

장조카 잘 되라고

큰고모도 가끔은 그렇게 오셨다

버스는 달리다 멈추고
멈추다 다시 달린다
어디서 또 사고가 난 듯하다.

죽천장 백일홍

철없는 시인들이 뱉어놓은
결핵의 각혈인가
천년을 두고 꺼내 놓는
핏물 배인 저 상처
저녁 달빛 속
홍건히 젖고 있다

함부로 팽개쳐버린
초경의 첫사랑인가
상처를 딛고 일어서는
열다섯 소녀의 볼우물
아침 햇살 속
어지럽게 흩어지고 있다.

연무대 삼거리

밤꽃 냄새 한껏 비린 유월이었네
연무대 삼거리, 버스 정류장 근처
내려쬐는 초여름 햇살 너무 환했네

짙은 선글라스를 쓴 젊은 계집
등나무 넝쿨처럼 푸른 마음으로
사내의 가슴 척척, 휘어 감았네

더는 못 견디겠는지 머리칼 박박 밀어버린 청년
길 건너 교회당 언덕으로 올라갔네
계집도 성큼성큼 따라 올라갔네

플라타너스 시원한 그늘 아래
급박하게 뒤엉키는 연인들의 입맞춤
바람 새는 소리 어푸푸, 새어나왔네

가까운 훈련소 연병장에서는
여전히 신병들의 악악대는 구령소리
눈 감아도 시끄럽게 들렸네.

흔들의자

흔들의자가 있어야겠다
흔들리는 세상
더욱 흔들리기 위하여

걸음 옮길 때마다
끊임없이 흔들리는
저 마음들 보아라

흔들의자가 있어야겠다
흔들리는 세상
더는 흔들리지 않기 위하여!

낮달

낮달은 한 무더기 찔레꽃이다
나비 떼 뽀얗게 날아올라
초여름 햇살, 꽃잎꽃잎 떨어져 내린다

가던 길 멈추고 잠시 쉬어보는 숲길
찔레 순 꺾어먹다 보면
저무는 어스름 저녁별
삼베빛 솜병아리로 짹짹거린다

해지기 전 서녘 하늘가
밀가루 반죽처럼 둥그렇게
부풀어 오르는 낮달
어디선가 국수 삶는 냄새가 난다

걸음걸음 탱자빛 노을이 흔들리고
새뽀얀 나비 떼가 흔들리고
숲길 깨우는 북소리, 둥둥둥 구수하게 익는다.

봄밤

봄밤이네요 3월도 한창
청매화 피어오르는데, 송이눈 내리네요

앞이마의 푸르른 정맥 위에
청매화 꽃향기 같은
3월의 송이눈 맞으며
아무런 생각 없이 걷고 싶네요

낡아빠진 코트 깃 추겨 세우고
불어오는 바람 따라
걸음걸음 출렁이며 온몸 실으면 좋겠네요

구례 섬진강 어디 맑은 물결로
부푼 마음 벌써 떠 흐르네요
그런 걸음으로 자꾸만 걷고 싶네요

일찍 핀 청매화 꽃잎들
송이눈으로 흩날리네요 그래요 봄밤이네요.

민들레꽃

농협창고 뒤편 후미진 고샅, 웬 낯빛 뽀얀 계집애 쪼그려 앉아, 오줌 누고 있다

이 계집애, 더러는 샛노랗게 웃기도 한다 연초록 치맛자락 펼쳐, 아랫도리 살짝 가린 채

왼편 둔덕 위에서는 살구꽃 꽃진 자리, 열매들 파랗게 크고 있다

눈 내려뜨면 낮은 둔덕 아래, 계집애의 엄니를 닮은 깨어진 사금파리 하나, 반짝반짝 빛나고 있고.

폐타이어

버려진 폐타이어는 검다 산골짜기
검게 저무는 지장보살이다

반쯤 땅 속에 묻힌 채
세상의 질병 온몸으로 앓고 있는
지장보살은 둥글다

둥근 마음으로 그는 시방
아스팔트 위를 달리며 만든
피고름 죄 삭이고 있다

지장보살이 아프니
땅도 아프다 검게
저무는 것은 다 아프다

아픈 몸으로 그는 다시
거름을 만들고 있다 샐비어 몇 송이
빨갛게 꽃피울 꿈 꾸고 있다.

제4부

각시탈

티내지 않으려고 씨익, 웃다 보니
웃는 모습 어느새
일상이 되어버렸다

평범해지려고 씨익, 웃다 보니
웃는 표정 벌써
익숙해져버렸다

웃는 얼굴아 상처받기 두려워
적의가 없다는 뜻으로
씨익, 웃는 마음아

눈에 띄지 않으려고 씨익, 웃다 보니
웃는 얼굴 그새
각시탈이 되어버렸다.

결석

돌 속에서 내가 자랐듯이 내 속에서 돌이 자라고 있다 돌 속에서 내가 나왔듯이 내 속에서 돌이 나오고 있다

콩이여 팥이여 콩팥이여 돌에서 나와 돌로 돌아가는 생명이여 죽음이여.

오늘치의 죽음

손톱을 깎는다 내 안에서
자라는 죽음을 깎는다
수염을 깎는다 내 속에서
자라는 어제를 깎는다

뾰쪽뾰쪽 밀어 올리는
오늘치의 죽음

오늘도 나는 오늘치의
어제를 키운다 내일도 나는
내일치의 죽음을 키운다

덥수룩이 자라 오르는
내일치의 머리카락

내 안에는 뭇 죽음을 먹고
뭇 생명이 크고 있다
내 속에는 뭇 생명을 먹고
뭇 죽음이 자라고 있다.

춘양 가는 길

더는 참을 수 없어
오월에는 고인돌도 꽃을 피우지
고인돌이 제 가슴에
남몰래 피워올리는
연보랏빛 제비꽃 따라
춘양 가는 길

봄볕 너무 밝아
오월에는 꾀꼬리도 꽃을 피우지
꾀꼬리가 산골짜기에
은근히 감춰 피우는
병아리빛 붓꽃 따라
춘양 가는 길

길 위에 서면
꽃들의 보조개 너무 어지러워
가슴 활짝 연 채
숨 고르고 다듬어야 하지
문득 이 세상

텅, 비어 올지라도

초록 잎새들 아주 환해
이 봄에는 당신의 마음
자꾸만 들떠오르지
걸음걸음 고인돌 밟고
불어오는 바람 따라
춘양 가는 길.

생각

생각이 문제다 생각이 나를
늪으로, 사막으로, 초원으로, 숲으로, 거리로, 사무실로, 시장으로 끌고 다닌다
질척이는 늪에 빠져 있다는 생각
거친 사막에 내던져져 있다는 생각
드넓은 초원에 버려져 있다는 생각
더러는 무념무상으로 숲 그늘에 자리를 펴고 누워 졸고 있다는 생각이 들 때도 있다
그런 때는 어지럽지 않다
그런 때는 아프지 않다
그런 때는 슬프지 않다
생각은 제비의 날개를 갖고 있다
수직을, 수평을, 원을 그리며
나를 끌고 이곳저곳으로 날아다닌다
생각이 나를 숲이 아니라 도시의 거리로, 사무실로, 시장으로 몰고 갈 때는 조금 버겁고 힘들다
북적대는 거리에 팽개쳐져 있다는 생각
서류로 가득한 사무실에 갇혀 있다는 생각
몇 푼 벌기 위해 정신없이 사람들에게 쫓기고 있다

는 생각

더러는 아무런 생각 없이 내 방 침대에 누워 시집을 읽고 있다는 생각이 들 때도 있다

그런 때는 입안이 달콤해진다

그런 때는 가슴이 따뜻해진다

그런 때는 온몸이 부드러워진다

어떤 생각을 해야 하나 무슨 생각을 해야 하나

생각이 문제다 생각 밖에서 늘 제멋대로 떠돌고 있는 생각이라니!

오색딱따구리

텅 빈 허공 속에서
오색딱따구리 한 마리
솟구쳐 오른다

길게 그어지는 대각선 저쪽에서
찬란한 풍경
나타났다가 사라진다

텅 빈 허공 속으로
희고 검은 구름
그윽하게 몰려든다

한바탕 회오리바람 불고
세상의 온갖 것들
화려하게 펼쳐진다

텅 빈 허공 속에서
오색딱따구리 한 마리
다시 또 솟구쳐 오른다

〉

길게 대각선을 그으며
색즉시공 공즉시색 운다.

죽음들

러닝셔츠를 벗는다 살비듬들
시르르 떨어져 내린다

나와 함께 살아온 죽음들이다
내 몸이 키워온 것들

팬티를 벗는다 몇 가닥 터럭
꼬불꼬불 떨어져 내린다

어쩔 수 없이 뱉어내는 죽음들이다
내 몸이 가꾸어온 것들

뾰쪽뾰쪽 손톱이 자란다
내 몸에는 저승이 살고 있다.

뻐꾸기 울음

진제마을 솔숲 속 무슨 슬픔 귀양 와 사나
무덤들 사이, 바위들 사이
이 마을 솔숲 속 무슨 아픔 쫓겨 와 사나

달빛 부풀어 아까시꽃 지는데
이슬 잦아져 오동꽃 지는데

진제마을 솔숲 속 무슨 절망 머리 풀고 우나
사람들 사이, 짐승들 사이
이 마을 솔숲 속 무슨 설움 쪼아대며 우나.

매미

서럽지 기쁘게 서러워야지
어두운 땅속에 묻혀
칠 년씩이나 감옥살이를 하다가
보름쯤 풀려났으니

울지 멋지게 울어야지
더는 견딜 수 없다고
다시 지하 감옥으로
끌려갈 때까지

웃지 즐겁게 웃어야지
현대조선 철벽 크레인에 붙어
끝내 온 가슴
환하게 빠개질 때까지.

파문

애초에 돌을 던지지 말아야 했다
돌에 맞은 호수는 이내 파문을 일으켰다
애써 마음 가다듬고 있는 호수를 향해
돌을 던진 것 자체가 문제였다
파문은 둥근 물결도 품고 있었지만
날카로운 칼도 품고 있었다
세상을 떠돌고 있는 한 자루의 칼
칼을 품고 있는 파문이 문제였다
칼은 어느 것이든 찌르기 마련
아무데서나 상처를 만들기 일쑤였다
상처는 쉽게 아물지 않았다 한바탕
곪아 터지고 난 뒤에나 겨우 아물었다
누군들 칼로 찌르고 싶으랴
누군들 반란을 꿈꾸고 싶으랴
공들여 마음 가라앉히고 있는 호수를 향해
돌을 던진 것 자체가 문제였다
애초에 돌을 던지지 말아야 했다
돌을 맞고 어찌 파문을 일으키지 않으랴.

붉은 고양이

진제마을 늦은 밤 시간
쓰레기더미를 뒤지다가
불쑥 튀어나와
가로등 불빛 속
주춤주춤 걸어가는 붉은 고양이,
이 밤 어디에도
제 붉은 마음
나눌 곳 없네

진제마을 오래된 골목
쓰레기더미를 뒤져
썩은 생선 몇 점 뜯어먹고는
자동차 불빛 속
우적우적 걸어가는 붉은 고양이,
세상 어디에도
제 붉은 발길
향할 곳 없네

몸이 붉어 마음도 붉은

진제마을 붉은 고양이,
사람들한테 버려지고서도
사람들 곁
끝내 떠나지 못 하네
여기저기 떠돌고 있네
들끓는 제 가슴
차마 어쩌지 못 하네.

삶은 달걀이라고

삶은 달걀이라고, 아니
삶은 계란이라고, 아니
부화될 수 없는 생이로군
깨고 나올 수 없는 꿈이로군
그렇지 삶은 알이지
그렇게 생각한 적 있지
깨고 나와야 할 알
그렇게 괴로워한 적 있지
난생은 슬프지, 아니
난생은 아프지, 아니
삶이 계란이면 좋겠지
삶이 달걀이면 좋겠지
껍질을 까 소금에 찍어먹으며
버틸 수 있으니까
버틸수록 아픈 것이 삶이지
그렇지 삶은 고통이지, 아니
그렇지 삶은 기쁨이지, 아니.

생활

우리 집 거실 귀퉁이에는 무말랭이가 마르고 있다

얼마 전까지만 해도 감말랭이가 마르던 곳이다 땅콩알이 마르던 곳이다 은행알이 마르던 곳이다 구린내를 풍기며

인삼주도 더덕주도 호박덩이도 함께 마르고 있는

우리 집 거실 귀퉁이

고향을 떠난 지 도대체 얼마인가

농촌을 떠난 지 도대체 얼마인가

대도시 아파트에 살면서도 나와 아내는 여태껏 농촌을 떠나지 못 하고 있다 고향을 오가며 살고 있다

좁아터진 거실 이곳저곳을 오가며 오늘도 아내와 나는 습관처럼 자연에서 준비해온 먹거리들을 다듬고 있다

이것들 다 나날의 목구멍이 시킨 것이지만, 나날의 생활이 시킨 것이지만……

목구멍보다, 생활보다 중요한 것이 어디 있으랴.

정치

정치는 염치없는 잔치다 치사한 일 많아도
절대로 치사하지 않는다 정치는
눈치코치 없는 불치다 한번 걸리면
쉽게 치료되지 않는 암치다
비늘 없는 갈치 따위 굽거나 조려
유치한 잔치나 벌이고 있는 정치
등 푸른 생선인 꽁치 따위 굽거나 조려
치졸한 잔치나 벌이고 있는 정치
가까이 다가서면 정치는 치한처럼
아무나 잡고 치근대며 놓아주지 않는다
마음속 깊이 폭탄을 장치한 채
치정 어린 만찬이나 벌이고 있는 정치
치즈 조각이나 씹어대고 있는,
정치는 먼발치의 경치일 때나 아름답다
온종일 잔디밭 촐랑거리며
공치는 일로 역사를 잡치는 사람들
수치스러운 줄도 모르고 서로의 뺨을 치고 있고나
더러는 한강 둔치의 국회의사당에 앉아
법 개정의 치적 쌓기도 하고

치솟는 물가 걱정도 하는 정치
치자꽃, 밤꽃 향기에 잔뜩 젖어 있기 때문일까
기껏 아줌마들의 치맛자락이나
치켜들기에 바쁘고나 눈 치켜뜨고
온갖 잘난 체하기에나 바쁘고나
칫솔에 치약을 묻혀 양치질하듯
깨끗이 닦아내고 씻어내고 싶은 정치
치, 가끔은 밥솥에 쌀밥을 안치기도 하는,
정치는 사람들의 치욕 제자리에
들어앉히는 일 아닌가 아침 까치의 마음으로
거리를 치우며 어지럽게 도치된 세상
차분히 정치시키는 일 아닌가 바르게.

김밥 두 줄

광주역 근처 '김밥천국'에서
급하게 김밥 두 줄 산다
검정 비닐봉지에 담겨 있는 슬픔 두 줄
왼손에 들고 역을 향해 뛴다
오른손에는 오래된 검정 가죽가방
덜레덜레 들려 있다
막 출발하는 KTX 역방향에
철푸덕이 주저앉는다
검정 비닐봉지를 펼쳐
설움 두 줄 먹어치운다
자동판매기에서 뽑혀 나온 생수병이
주둥이를 향해 거꾸로 쏘셔 박힌다
졸음 쏟아져 내리는데
이 고마움 누구에게 표해야 하나
오늘도 눈물 두 줄의 힘이
나를 서울로 밀고 간다
서울에는 무엇이 있나
아내와 자식들이 있다 사랑이
달리는 고속열차 역방향에 쪼그리고 앉아
깜박 잠든 채 꿈꾼다 천국을.

조촐한 가족

멀리서 풍장 치는 소리 들린다
팔월도 한가위
산마을 아득한 골짜기 저쪽

색동옷 곱게 차려입은
어린아이 둘……

젊은 엄마를 따라
묏등 앞 오가며 상을 차린다

조촐한 가족, 두 번 절하고
음식 나누는 동안
산까치, 참나무 끝에 날아와 운다.

웃는 얼굴

반갑다고 마구 달려오는
네 환한 얼굴 속
이렇게 깊은 슬픔
숨어 있다니

이빨 드러내놓고 까르르 웃는
네 맑은 눈망울 속
그렇게 아린 고통
들어 있다니

속으로는 악착같이 가슴을 치며
거듭거듭 다짐을 하는
웃는 얼굴이여
어진 내일이여!

시인 수첩

진술과 묘사, 서정과 노동, 생태

대학에 입학해 문학 공부, 특히 시 공부를 시작하면서 나를 가장 들뜨게 한 시인은 김수영이다. 김기출 선배의 소개로 김수영의 시 「푸른 하늘을」, 「눈」, 「풀」, 「사랑의 변주곡」 등의 시를 읽었을 때의 충격을 지금도 잊지 못한다. 그러한 충격을 경험한 이후 나는 대학 4년, 대학원(석사) 2년 내내 김수영의 시와 산문에 파묻혀 지냈다. 학부 졸업논문도 김수영을 썼고, 대학원 석사논문도 김수영을 썼다.

김수영은 하고 싶은 말이 많았던 시인이다. 물론 하고 싶은 말이 많았다는 것은 떠오르는 생각이 많았다는 것을 뜻한다. 김수영에게 시는 자신의 생각을 표현하고 전달하기 위한 집합 언어이지 않았을까. 이때 김수영 자신의 생각은 좀 더 빨리 '근대'를 이루고 싶어 하는 공동체적인 욕구와 다르지 않았으리라. 그렇다. 당시의 내게 김수영의 시는 서정의 발광체이기보다는 의미의 발광체였던 듯싶다.

시라는 집합 언어에 대상의 객관적인 형상을 드러내기보다는 시인의 주관적인 생각이나 사유를 드러내려고 하다 보면 문장기술의 방식이 달라질 수밖에 없다.

주관적인 사유나 생각을 담아내려고 하다 보면 아무래도 묘사의 언어보다는 진술의 언어를 선택할 수밖에 없기 때문이다. 김수영의 시에 묘사의 언어보다는 진술의 언어가 좀 더 많이 응용되고 있는 것은 바로 이 때문이다.

묘사와는 달리 진술은 시인의 상념이나 사유, 곧 생각을 드러내는 데 용이한 문장기술의 방식이다. 진술은 상대적으로 주관, 주체에 입각해 있는 문장기술의 방식이고, 묘사는 상대적으로 객관, 객체에 입각해 있는 문장기술의 방식이라는 것을 기억할 필요가 있다.

진술의 문장기술방식에 입각해 있으면서도 김수영은 자신의 생각을 자신의 시에 다 토로해내지 못한 듯하다. 당시의 대한민국(남한) 입장에서는 자신의 시를 통해 그가 드러내려고 하는 생각이 다소간은 불온한 것이었기 때문이리라. 자신의 불온성을 감추려고 안간힘을 쓰다 보니 그의 시에는 여기저기 아포리아가 흩어져 있을 수밖에 없다.

대학에 다닐 때는 그의 시의 어긋난 표현, 이른바 그의 시의 아포리아에 담겨 있는 것까지 읽어 내지는 못했다. 그래도 그것이 그의 시를 끊임없는 매력으로 존재하게 한다는 것 정도는 알고 있었다. 그의 시의 어눌하고 어색한 표현, 그의 시 특유의 아포리아가 무언가 특이한 매력을 불러일으켰던 것은 사실이지만 말이다.

김수영 시 특유의 아포리아는 간혹 중언부언으로도 읽혔다. 그의 시가 갖고 있는 표현 대상과 표현 언어 사이의 부조화나 불균형이 내게는 일종의 중언부언으로도 받아들여졌다는 것이다. 더러는 그것이 미처 아포리아라고까지는 이해되지 않았다는 것이다. 김수영의 시에 파묻혀 지내다 보니 그의 시가 보여주는 이러한 모습의 중언부언까지 있는 그대로 받아들였다는 얘기이다. 그렇다. 내가 보기에 김수영의 시가 안고 있는 중언부언은 미처 예술의 언어, 곧 시의 언어에 이르지 못한 듯했다. 그의 시에 서정이 풍부하지 못한 것도, 그의 시에 서정이 밝고 환하지 못한 것도 내게는 불만이었다.

석사논문을 쓰고 났을 때의 일이다. 내가 직접 시를 쓰기 위해서는, 나도 시인이 되기 위해서는 김수영을 배우는 것만으로는 부족하다는 생각이 들었다. 김수영 시가 갖고 있는 진술의 문장기술방식만으로는 시를 생생하게 만드는 일이, 시의 구체성을 살리는 일이 쉽지 않을 듯싶었다.

그러던 어느 날 우선은 내 고향인 충청도의 시인들로부터 조금은 더 배울 필요가 있다는 생각을 하게 되었다. 그와 관련해 내가 가장 먼저 주목한 시인은 박용래였다. 곧바로 박용래 시의 표현방법을 배우기 위해 그의 시에 대한 비교적 긴 논문을 썼다. 박용래는 말할 것도 없이 객관적인 이미지 위주의 시인이다. 이미지는 장면을 만들고, 장면은 풍경을 만들고, 풍경은 형상을 만들기 마련이다. 시에서 풍경이 이루는 형상은 흔히 공간이나 배경으로 자리하지만 말이다.

풍경이 만드는 형상을 지니고 있는 시인이라는 점은 옥천의 정지용, 부여의 신동엽, 충주의 신경림 경우도 마찬가지이다. 내가 박용래를 배운 뒤 이들 시인, 곧 정지용, 신동엽, 신경림의 시를 배우기 위해 줄곧 노력한 까닭도 바로 여기에 있다. 한때 전주에서 공부한 신동엽의 시에는 알게 모르게 신석정의 시가 들어와 있다. 주지하다시피 신석정은 정지용, 박용철, 김영랑과 함께 시문학파의 일원이다. 그러다 보니 나 또한 자연스럽게 신석정, 박용철, 김영랑한테도 배우게 되었다.

고등학교에 입학한 이후 한때 나는 대전시의 변두리인 대동 산5번지에서 자취를 했다. 그곳에서 자취를 한 적이 있는 내게 신경림의 시, 특히 「산1번지」는 큰 충격이었다. 1970년대 중반 이후 신경림의 시는 내게 존재의 전이를 체험하게 했다. 내가 보기에 신경림의 시에는 백석, 이용악, 오장환 등의 시가 들어 있었다. 신경림의 시를 공부하다 보니 이번에는 이들의 시, 백석, 이용악, 오장환 등의 시 또한 공부하게 되었다.

백석, 이용악, 오장환 등의 시인이 문명을 드높이게 되는 것은 1935년 이후의 일이다. 우연인지는 몰라도 나중에 나는 이들 세 시인, 곧 백석, 이용악, 오장환의 공통점과 차이점을 연구해 박사학위를 받았다. 이들 세 시인의 시는 대체로 주관적인 상념보다는 객관적인 현실에 초점을 두고 있다. 나나 나의 상념보다는 남이나 사회현실에 중심을 두고 있는 것이 이들 세 시인의 시이다. 이들 세 시인의 시에서 객관적인 현실은 이내 역사적인 현재로 전이되며 시대정신을 함유하고는 한다. 객관적인 현실에 대한 관심은 자연히 내게 시와 사회, 시와 역사, 시와 경제, 시와 생태 등이 이루는 관계에 대해 관심을 갖게 했다. 이것들에 대해 관심을 갖게 했다는 것은 물론 내가 내 시에 사회, 역사, 경제, 생태 등을 받아들이기 시작했다는 것을 뜻한다.

이들 나 자신 밖의 객관적인 현실이 나와 전혀 무관한 것은 아니다. 나 자신 밖의 객관적인 현실에는 아무래도 나 자신 안의 주관적인 현실이 들어 있을 수밖에 없다. 물론 나 자신 안의 주관적인 현실과 달리 나 자신밖의 객관적인 현실은 언제나 가시적인 것, 감각적인 것이기 마련이다. 가시적인 것, 감각적인 것이라는 말은 그것이 물질이라는 것을, 곧 사물이라는 것을 뜻한다.

물질이나 사물의 경우 나 자신 안의 주관적인 현실에서는, 곧 나 자신 안의 인지영역에서는 이미지로 존재하기 쉽다. 앞에서도 말했듯이 흔히 이미지의 군집은 이미저리라고 불리고, 이미저리의 군집은 장면이라고 불리고, 장면의 군집은 풍경이라고 불린다. 물론 여기서 말하는 풍경은 늘 시적 형상의 중심 자질로 작용한다. 마땅히 이때의 풍경이 만드는 시적 형상은 동영상일 때가 많다. 이들 시적 형상은 시에서 흔히 공간을 만들거나 배경을 만든다.

일반적으로 공간이나 배경이 분명한 시는 좀 더 실감이 있는 리얼리티를 보여준다. 실감이 있는 리얼리티를 보여주는 시를 쓰려면 나 자신 안의 주관적인 현실이, 곧 나 자신 안의 인지영역이 상념(想念)이나 사념(思念)으로 존재하지 않아야 한다. 상념(想念)이나 사념(思念)으로 존재하지 않아야 한다는 말은 주장이나 주의가 선행되지 않아야 한다는 말로 대체되어도 무방하다.

생각이 많은 시인은 시에 객관적인 대상 그 자체가 갖는 사실적인 형상보다는 그것이 불러일으키는 상념(想念)이나 사념(思念), 주장이나 주의 등을 앞세우기 쉽다. 이들 시인은 대부분 객관적인 대상이 분명하게 현현되는 시를 쓰지 못한다. 이들 시인은 구체적인 대상이 무화(無化)된 시, 자아 중심의 상념(想念)이나 사념(思念), 주장이나 주의가 만드는 관념의 시, 곧 추상의 시를 선호한다.

물론 대상이 불분명한 자아를 중심으로 하는 상념(想念)이나 사념(思念)의 시가 모두 관념의 시나 추상의 시로 존재하는 것은 아니다. 상념(想念)이나 사념(思念) 위주의 시도 더러는 이미지를 끌어들여 구체성을 강화시켜주기 때문이다. 그렇다고 하더라도 이들 시가 객관적인 현실보다는 주관적인 현실에, 객관적인 대상보다는 주관적인 대상에, 세계보다는 자아에, 이미지보다는 정서에 중심을 두고 있는 것은 사실이다.

김수영의 시가 아닌 여타 시인, 곧 박용래, 정지용, 김영랑, 신동엽, 신경림 등의 시로부터 배운 것은 주관적인 현실이기보다는 객관적인 현실이다. 그러니까 주관적인 대상이기보다는 객관적인 대상이고, 자아이기보다는 세계이고, 정서이기보다는 이미지라는 것이다. 이들 시인으로부터 배운 객관적인 현실, 대상, 세계, 이미지 등은 본래 물질이고 사물이다. 시에서 이것들의 축적은 일단 공간을 만들거나 배경을 만드는데 기여한다. 시에서 공간이나 배경은 풍경의 도움을 받기 일쑤이거니와, 항용 풍경의 선택은 세계관의 선택, 곧 의미의 선택이 된다.

풍경의 선택은 마땅히 형상의 선택을 가리킨다. 시에서의 형상은 이미지와 이야기와 정서로 이루어져 있다는 것이 내 생각이다. 상대적으로 주관적인 '정서'와, 상대적으로 객관적인 '이미지', '이야기'로 이루어져 있는 것이 시에서의 형상이라는 것이다. 이들 형상의 세 자질 중 상대적으로 주관적인 것이 정서이고, 상대적으로 객관적인 것이 '이야기', '이미지'라는 것을 잊어서는 안 된다. 주관적인 상념이나 사념과 함께하는 정서보다는 객관적인 물질(사물)이나 사건과 함께하는 것이 '이미지', '이야기'라는 것이다.

이들 중에서도 '이야기'는 사람살이의 경험이나 체험이 이루는 실제라는 점에서 좀 더 주의를 요한다. 사람살이의 경험이나 체험이 사람살이의 크고 작은 사건을 가리킨다는 것을 간과해서는 안 된다. 모든 사건은 처음, 중간, 끝이 있기 마련이다. 처음, 중간, 끝을 갖는 사건이 '이야기', 곧 서사의 기본형식으로 존재한다는 것은 불문가지이다. 물론 시의 형상에 작용하는 이야기가 처음, 중간, 끝이라는 서사의 기본형식을 모두 갖출 필요는 없다. 처음, 중간, 끝이라는 서사구조의 확장 형태인 발단, 전개, 위기, 절정, 결말의 구성형식은 더 말할 나위가 없다. 시적 형상의 주요자질인 '이야기'는 일그러진 상징의 형태로, 곧 파편적인 이미지의 형태로 존재해도 무방하다.

이야기가 사건의 실제이고, 경험이나 체험의 결과라면 그것은 또한 일 자체일 수도 있다. 이때의 일은 물론 노동을 가리킨다. 노동의 결과가 이야기라는 것인데, 더러는 시를 쓰는 일 자체가 노동이 되기도 한다. 시를 쓰는 과정이나 시 자체를 대상으로 하는 시의 형상에도 이야기는 들어 있을 수 있다.

그렇다면 시를 쓰는 일도 일이라고, 노동이라고 해야 마땅하다. 물론 이때의 노동은 즐거움이다. 곧바로 재화로 환원되지 않더라도 시를 쓰는 노동은 즐겁다. 재화로부터 자유로운 노동은 기본적으로 즐겁지만 말이다.

노동이 생산에 바쳐지는 수고라면 시를 쓰는 일도 생산에 바쳐지는 수고이다. 이때의 노동이 시라고 하는 새로운 예술작품을 만들기도 하지만 예술작품 안에 새로운 이미지를 만들기도 한다는 점을 염두에 둘 필요가 있다.

새로운 이미지를 만드는 일은 새로운 감각을 만드는 일이다. 새로운 감각을 만드는 일은 새로운 물질, 새로운 사물을 만드는 일이다. 새로운 것을 만든다는 점에서 보면 농업노동, 산업노동만 노동인 것은 아니다. 새로운 지식을 만드는 공부노동, 새로운 지식을 가르치는 교육노동도 노동이다. 노동(勞動)이 수고롭게 움직이는 일이라는 뜻을 지니고 있다면 공부도, 교육도, 창작도 다 노동이 된다.

노동은 이처럼 인간의 숙명이다. 숙명인 노동은 피하려고 해도 피할 수 없다. 기왕 노동과 함께할 수밖에 없다면 노동과 친해지는 것이 상책이다. 시 노동, 공부 노동의 경우에도 그것은 마찬가지이다.

농업노동은 더 말할 필요가 없다. 특히 밭뙈기를 경영하는 일은 그 자체로 즐거움이다. 재화와 무관하면 할수록 더욱 그렇다.

대학교수직에서 퇴직한 2018년 여름 이래 나는 별로 크지 않은 밭뙈기를 가꾸고 있다. 기본적으로는 자연생태, 생태환경에 대한 관심과 사랑 때문이다. 돈을 버는 일과는 멀다는 뜻이다.

이름하여 부채밭, 부채밭을 가꾸는 일은 내게 큰 기쁨이다. 부채밭 왼쪽에는 조그만 율계(栗溪)가 흐른다. 율계 건너 동애(東崖)에는 밤나무가 가득하다. 부채밭 오른쪽 제법 높은 산언덕인 서애(西厓)에도 밤나무가 가득하다. 따라서 가을이 되면 부채밭에서는 어디서든 크고 굵은 밤을 실컷 주워 먹을 수 있다.

부채밭 주위에 아로니아나무도 심고, 사과나무도 심고, 오갈피나무도 심고, 복숭아나무도 심고, 대추나무도 심고, 오미자나무도 심고, 자두나무도 심고, 두릅나무도 심고, 앵두나무도 심었다. 나무만 심은 것이 아니라 꽃들도 심었다. 붓꽃도 심고, 장미꽃도 심고, 수선화도 심고, 접시꽃도 심고, 구절초도 심고, 개양귀비도 심고, 벌개미취도 심었다.

지난 2019년 봄에는 부채밭의 한 귀퉁이에 6.5평짜리 농막을 지었다. 농사 일로 바쁜 틈에도 쉴 곳이 있으면 좋겠다는 생각으로 마련한 작은 공간이었다. 공주시청 담당자와 상의해 농막 앞에 데크를 설치했는데, 3년이 지나 재심사를 받다 보니 그것이 말썽이었다. 애를 먹다가 결국에는 데크를 철거하고 말았다. 5백만 원이나 들여 만든 농막의 데크, 철거하는 데도 60만 원이나 들었다. 가슴이 아팠지만 다른 방법이 없었다.

퇴직을 한 후 밭농사를 시작한 데는 서정이 있는 자연생태시를 써보고 싶은 욕구도 작용했다. 서정이 있는 자연생태시는 언제 어떻게 창작되나? 우선 물어보자. 서정이란 무엇이고, 서정은 어디서 오는가. 서정(抒情)은 말할 것도 없이 마음의 한 형태이다. 그것도 마땅히 마음에서 온다. 마음의 한 형태인 서정은 당연히 잘 걸러진 정서와 함께 한다. 서정(抒情), 정서를 길어 올린다는 뜻을 갖는 한자 말!

마음이 본성, 감성(감정), 이성으로 구성되어 있다면, 다시 말해 성(性), 기(氣) 이(理)로 구성되어 있다면 서정은 기(氣), 즉 감성(감정)과 무관하지 않다. 물론 이때의 감성(감정), 즉 기는 이성, 즉 이(理)가 분화되기 이전, 이(理)를 포함하고 있는 마음을 가리킨다.

물론 이들 마음의 세 층위는 몸에서 기인한다. 흔히 하단전, 중단전, 상단전으로 나누어 받아들이는 몸의 각 부분 말이다. 하단전의 본성인 정(精)이 중단전의 감성인 기(氣)로, 중단전의 감성인 기(氣)가 상단전의 이성인 신(神)으로 상향 발산하는 것이 인간 정신의 기본구조이다.

그렇다고는 하더라도 본성, 감성, 이성이 이루는 마음은, 즉 정기신(精氣神)이 펼치는 마음은 사람에 따라 변별되고 차별되어 드러나기 마련이다. 이때의 변별과 차별에는 수평의 차원은 물론 수직의 차원도 존재한다. 넓이와 높이가 다르고, 폭과 깊이가 다른 것이 정기신이 이루는 인간의 마음이다. 시의 서정은 아무래도 좌우의 넓이와 폭이 다르고, 상하의 깊이와 높이가 다르기 마련이다.

이처럼 다르기 마련인 시의 서정은 언제나 객관현실이 이루는 이미지, 나아가 장면이나 풍경과 함께한다. 이미지가 만드는 장면이나 풍경은 자연생태라는 물질, 곧 사물과 친족관계에 있을 수밖에 없다. 공자가 『시경(詩經)』과 관련해 말하는 이른바 조수초목지명(鳥獸草木之名)과 함께하는 것이 시에서의 서정이라는 것이다. 조수초목지명(鳥獸草木之名)이야 말로 시에서 객관현실이라는 물질로, 사물로, 이미지로 서로를 아우르기 마련이다. 이는 시인이라는 주체가 세계인 그것들을 자아화하는 과정에 태어나는 정화(淨化)된 감정의 하나로 존재하는 것이 서정이라는 얘기가 되기도 한다.

지금의 내게는 이러한 뜻에서의 서정을 바탕으로 이 시대의 역사적인 현재, 나아가 이 시대의 자연생태에 대해 발언을 하는 것이 시의 길이라고 생각한다. 나로서는 이렇게 하는 것과 관련해 더없이 좋은 일이, 더없이 좋은 노동이 조그만 대로 부채밭을 경영하는 일이라고 받아들인다. 경이원지(敬而遠之)의 자세로, 기연불연(其然不然)의 마음으로 이 시대의 역사적인 현재를, 미래를, 자연생태를 시로 포착하는 일만큼 대단한 일이, 즐거운 일이 또 있을까. 불이(不二)의 마음을 잊지 않으며 다시 또 남은 생을 열심히 살아볼 작정이다.

이 시선집 『초록 잎새들』에 붙이는 지금까지의 잔소리가 지나치게 추상화(抽象化)되어 있지 않기를 빈다. 지나친 추상(抽象)은 관념을 낳기 쉽거니와, 관념은 진술의 문장기술 방식을 불러 시가 지니고 있는 근원적인 사물성, 구체성을 거두어들이기 쉽다. 주관적인 진술이 아니라 객관적인 묘사, 곧 이미지나 이미저리, 장면이나 풍경의 사냥 없이 시에서의 서정은 제대로 태어나기 어렵다.

그동안 이야기, 이미지와 함께 '정서'라는 이름으로 시의 형상을 이루어온 '서정'만큼 시인으로서 나를 긴장시켜온 것은 없다. 강조하거니와, 이미지, 이야기, 정서라는 형상의 세 자질과 관련해 줄곧 시인인 나를 달궈 온 것이 서정이라는 것이다. 서정이라는 옷을 입고 있는 내 시의 형상이 편편이 깨달음이라는 깊은 의미를 담아낼 수 있으면 얼마나 좋을까.